Jeton Keljmendi

DOBA LJUBAVI

BIBLIOTEKA RUKOVANJA


Za izdava.a:

Du.an .uri.i.


Recenzent:

prof. dr Sofija Kalezi.


Naslov izvornika:

�Thoughts hunt the loves�


Prevod:

Milica Miti.

Sofija Sotirovski


Tehni.ki urednik:

Dragi.a Jovovi.

Izdava.:

Udru.enje knji.evnih prevodilaca

Crne Gore

Podgorica

2018.

Jeton Keljmendi

DOBA LJUBAVI

Podgorica

2018

PE. U PET UJUTRU

Za mog oca

Grad spava,

Ljudi i no. su spavali

Ti.ina je pravila pauzu

Od iscrpljenosti prethodnog dana.

Upravo na taj na.in jutro je svanulo u Pe.i

Grad se spu.tao u pet ujutru.

12. aprila,

Nije lako podijeliti svaki san.

Neko sanja prolje.e,

I neko drugi je sve zatvarao

Sve pri.e i .elje za sebe,

Spavati valja od sada bez sanjanja.

Ja sam tako.e spavao

.ak i sanjao

Vidio sam oca kako odlazi

U .umu,

Iako je izgledalo da je rano i.i u planine.

Moj otac je

Uvijek bio ranoranilac

Ali ovog puta bilo je veoma rano

Bio je budan,

Da pre.e preko mosta koji spaja

Ovaj svijet sa drugim.


U Rugovi

Mu.karci ponosno umiru

Zato .to ih je priroda nau.ila.

MOJA .ELJA U .AMERIJI

Ne postoji ni.ta bolje od povratka

Seljak se vra.a na svoje polje,

Okru.en zna.enjem .ivota

Vidim veselog .amana1 iz Filatije.

1 .ovjek iz .amerije, albanska zemlja u Gr.koj.

Kao ljudi u svojoj zemlji

Vra.aju se u grobove predaka.


Ho.u da zagrizem

Crvenu jabuku u .ameriji.

Barem .u je poneti sa sobom, ali kasnije pokupiti vesla,

Mora.u da gledam neko vrijeme za tebe

Ko pripovijeda pjesmu o Dardaniji,

Zvu.nim zvijezdama

Sve o ovom posvje.enom srcu.


Dok sam neprimjetno protegao svoje tijelo

Jednog dana bez gu.vanja garderobe, bez zaglavljivanja

I mje.tani dolaze k meni, dolaze naprijed.

Dobro do.ao, moj brate u .ameriju, Albanija.

.ta je sa dubokim korijenima

Moja jabuka u .ameriji...

Svje.e vo.e.

Ni.ta ne nosi ve.i bol,

Moja du.a zna to.


Kao vje.iti san,

Kako da napravim vjen.anje tamo?

Hajde da zasadimo budu.nost nade.


Volos, Gr.ka 21. maj 2013.

## PRI.I MALO BLI.E

Reci mi rije.i koje zna.

Rije.i koje volim

Izvu.ene iz drugog jezika,

Dolaze.i na tvoje usne.

Otvaram du.u kao knjigu

Holisti.ki

Da saznam kisjelost

Ljubavi.

.ekam sada

Kao ju.e, kao danas

Kao sjutra

Izgovorio si rije.i, tako da.

Pri.i mi bli.e.

# BUKA

Dan je otkrio svoj glas

Iz na.e ti.ine

Mirno.e.

Nesigurne misli

Javne

Dana.nji najve.i egoista

Politi.ar X.

Izme.u njegovih smiju.ih o.iju

Vrijeme

Klima svoje ne.iste

Ruke,

Dok u sredini ovoga

Vijesti

La.ni krstovi

Istina u svoj toj buci

Njegove rije.i, rije.i, rije.i

Sve neistinite.

## LJUBAV ZA VRIJEME RATA

Ponekad .elim da se dese

Druga.ije

Ove stvari

Na primjer, voleo bih da me

Okru.i gusta magla,

Sve dok se granica lako

Pre.e,

Pro.i tamo prije svega

Gdje sam par mjeseci ranije

Vidio djevojku

Sa kovrd.avom kosom,

Samo vidjev.i nju

I kasnije sanjaju.i je,

Zaljubio sam se.


Ali na kraju,

Ovo je rat i ne znamo

Budu.nost

Svaki dan borba sa smr.u

Ove pri.e gdje je

Jedan ili drugi

Pao za slobodu,

Ili druge vijesti,

Kao .to da je neprijatelj

Uni.ten

Ovo su svakodnevne rutine.

Vjerovatno se mogu

.ak i podijeliti sa prijateljem.

MO. NEMOGU.NOSTI

Jedino naprijed na jedva golom putu

Obilnost je dvaput da joj zaustavi. hodanje,

Ne .ekajte.

Tomas Transtremer (Nobelova nagrada, 2011)

Iznena.uju.e

Koliko je daleko blizu.

Ne mo.e se vidjeti .ak i kada se o.i

Spu.taju jedno za drugim;

Duhovi su povezani

.ak i kada se misli nijesu upoznale.

U stanju sam da pomognem sebi

Ostani ovako blizu, gleda. u mene,

Znam, zaboravlja., u potpunosti

Ignori.e. me.

Molim se za tradiciju mogu.eg

Nemogu.nost impotentnog.

Snovi i .elje za drugo zna.enje

Rasprostranjeni su u stotinu opcija,

Dok tvoj um zami.lja

Nemogu.i elementi uzimaju mo..


Dva imena,

Povezana sa dvije rije.i.

Mora. se vratiti unutar sebe,

.ak i nemogu.e ima svoje,

Opcije, one dolaze i odlaze

Dvije razli.ite stvari:

Razlog i nedostatak razloga

I vra.am se u sebe

Vi ste mo.niji od nemogu.eg,

Emigracijo.


.elim da pobjegnem od sebe

Sve dok ne po.e za mnom,

Ponekad odlazi:

Nekad dolazi

Mogu.nost zla

U svakoj vjeri;

Materijalno,

Kao i sva tijela zajedno

Na nebu

Odrastao je,

Osta.e mala

Pred ljubavlju koju imam

Za tebe, za mene

I ubjediti je,

Vjeruj u mogu.nosti ili .ak u sebe

.ta se mora re.i bolje?


Usrijed .ela

Udari glavu,

Pobjegni od sebe,

Od nemogu.eg.

Vri.ti svoje rije.i

Svoje misli

Po.to su tvoji,

Obe.avam ti dvaput

Za mene i tebe.


Danas postaje sjutra,

Ju.e postaje danas,

Ne odla.i na.e putovanje

Istina postaje san.

.UDNJA


Mislim da me prati.

Duga putovanja misli

Svakog jutra,

Skromne ve.eri.

Moja svrha je kr.tenje vanzemaljaca,

Gdje vidljivo i nevidljivo

Bi.e tretirani pravedno.

Prati me kao .to sjenka prati tijelo

I staje pravo u mene.

Sje.a. me se, moj o.e,

Njegove rije.i ubjedljive

I ja idalje

Osje.am ga.enje.


.tavi.e,

Ne ostavljaj me samog

U mojoj kolektivnoj usamljenosti

Po.to me .ak i prati

Niz puteve mog .ivota

.ak po.inje i poslednje rije.i

Od po.etka.

Sve

.to odvaja doru.ak od ve.eri

Nostalgija,

Sje.a se svog odlaska

Kao feniks

I naredbe:

Bolje, tri dana, .ovje.e!

Pratim tu robu

Od njihovog korijena 12. aprila,2

2 12. aprila umro je moj otac.


Grane raste.u .ivot

Koliko .ivota imam.


15. 5.2013. Brisel.

MISLI DUHA

Dok ni.ta drugo ne preostaje,

Uradi ovo: Umri i ustani! �

Nijesi samo tu.an posjetilac

Na ovoj rasutoj zemlji.

  J. V. Gete

Stotinu putovanja

Kada te .uda sretnu

Osim nemogu.eg

Prilika

Dva pogleda spajaju se jedan s drugom.

To je polupri.a, polulegenda

Manje solarna, vi.e lunarna

I.li smo i i.li,

Postali smo stvarniji.

Vjeruj (Besa)3

3 Besa na albanskom zna.i vjerovati. Ovaj izraz je jedinstven za Albance.

Na.a rije. du.e

Od dana.njeg dana,

Dani prate jedni druge

Zna., draga,

Nemoj ostati tiha sjutra.


Koliko puta

Zovem tvoje ime

An.elizujem rije.i,

Moj an.ele

Kad god za.uti.,

Razgovaraj sa mimikom koja govori vi.e

Ovo su misli du.e.

## PRVA DAMA RAZMI.LJANJA

Budi glup, ali nau.i kako da bude. naivan

Da ne bude. upadljiv,

Ne brini: pre.ivje.e. i biti sre.an.

Paulo Koeljo

Postrojene kao poslanici u parlamentu

Moje misli,

Razmi.ljaju za to vrijeme

I dane koji idu.

Jedan

Ustane i progovori za

Zimsko hladno vrijeme,

Mora da uzme ne.to

Njegovo zamrzavanje je pro.lo kroz mene.

Drugi

.ali se na cvrkutanje

Ptica,

Ne slu.aju sada otprilike koliko dugo

Planine udaraju.


Ta bijela misao

Polemi.e sama sa sebe:

Ne, nije.

Da, jeste.

Prisutna, prva dama razmi.ljanja.


Na kraju sesije

Plenarno zasijedanje.

## SKRA.ENA DALJINA

Preko no.i ve.eras

Sretan dan sjutra,

Izvan sjutra

Ponovo druga no.,

Bli.e sam tebi.

Ja i ti sanjamo jedno drugo

I tako vrijeme ide,

Brojimo ga

Danju i no.u.


Radujemo se jedno drugom

Dok bje.imo od nas samih,

Pa nas vrijeme gleda

Dok mjeri na.u daljinu

Dan i no..


Tamo .ivi, ti i moje misli

Ovdje, ja i tvoje misli

Ko broji dane,

Ve.eras, jednu no. smo bli.e

Bli.e mislima

Kao .to bi i drugi trebali biti

Kako izgleda,

Ti i ja, draga moja

Imamo svijet

Totalno druga.iji.


Brisel, 20. jun 2012.

KR.TENJE DU.E

Trenutak .e prihvatiti i vrijeme

Ne mora se dogoditi druga.ije kada ljudi vole.

   Odisej Elitis


Ignorisan od strane zakona i pravila

Spremi se

Da te gledam plavim o.ima

I uhvatim te:

Ka.em rije.

I zakucam

Kao Hrist,

Da krstim sa dva imena

Oba moja i tvoja

To je .ivot.


Sa prvim imenom

Krstim vrijeme,

Sa drugim

Misli koje nam se pribli.avaju:

Ovoga puta

Ti si sam tvoje misli

I u ovim mislima

Ti si samo vrijeme.


.elim

Da sunce postavimo izvan

Moje ro.enje

Ustani izme.u nas

I idi dolje


Van sebe.

Ja i ti zajedno pre.emo preko

Puta

I idemo na drugo polje

Gdje .ekaju nastavak?


Ljubljana, 23. mart 2011.

RIJE. MAJKE


Rije.

Prije svega

Rije.i

Koje sam nau.io na albanskom,

Koliko je bilo lijepo

Zna.enje.

Majka je

Najljep.a rije. o kojoj

Neko mo.e da pri.a.

Ima dva zna.enja:

To je sve .to znamo

Ono .to .ujemo

I pominjemo radosti

I kada smo u nevolji,

I njeno zna.enje za

Mene je

.ivot u prvom smislu.


Koliko se sje.am

Tada su me mnogo rije.i nau.ili

.kola i .ivot,

Ali za mene

Majka

Ostaje najve.a rije.

Najsla.a

I najva.nija.


Bolja je od bilo .ega

.to se stekne u .ivotu.

DO.I NA MOJU STRANU

Zamisli da mo.e. da nacrta. dugu

u svojoj dnevnoj rutini.

Ruth Mayer


Nekako

Sli.na je sa tobom

Moja .elja

Mogu re.i svoje mi.ljenje

Koje imam o tebi

Ali sam jo. uvijek nedore.en.

Ovaj izgled je naru.en

Sru.i ovaj izgled

I odmjeri mogu.nost

Ina.e

Samo moja .irina

Zna kako da razumije

Koliko ste sli.ni.

Ti podr.ava. moju .elju

Postani du.a koja vodi moju du.u

Ili

.elja je sli.na tebi

U mojoj potrazi za tobom

Misli.u jo. vi.e

Daleko smo veoma daleko

Moja draga sli.nosti.

Da izmjerimo na.e razlike:

Vjeruj u sebe

Ja .u biti .uvar du.e.

Prevazi.i ogradu ti.ine

Ostani na mojoj strani

Ko ne bi razlikovao sli.nosti?


26. februar 2012. Brisel

# HODAM NA PUTU DRUGIH

Zaljubite se sa mislima da .e te jednog dana mrzeti,

I mrzite sa mislima da .e te jednog dana biti zaljubljeni.

Bias De Pri�ne

Ne kasni!

Sati se ni.u kao vojnici, no. je opasna!

Ulica,

Ti.ina kuca na moja vrata,

Danas nijesam unutra

Oti.la je napolju

I daleko

Daleko od ku.e

Daleko od mene

Daleko sa mnom

Daljina

Sati su tu da bi se prevazi.la

I sam sam

Sve ide svojim putem

Samo ja na putu drugih

Odlazi dio mene


Ne vidim njen kraj

No. je sakrila moj put

Mnogo puta ka.em sebi

Ne kasni!

No. je stra.na.

.ta ja mogu da volim?

Za .im ja .eznem?

Rekao sam u sebi

Ritam misli je sli.an

Donekle:

Hooo... po.inje rano

Ti.ina

I razumijem

Sanjao sam

Moju ljubav

Ne.u te na.i ni u snu

Gdje si sakrila

Tragove.

Na kom nebu spava.?

Sutra uve.e

Do.i cu

Nekoliko sati spavanja skitnice sa tobom

Danas sam hodao putevima drugih.


Brisel, 1. septembar 2012.

## LJUBAV IMA DVA .IVOTA

Recimo rije.ima

Upore.ujemo je sa svijetlom

Hiljadu zna.enja

Hajde da odemo.

Ulazi nam kroz pjesme

U poeziji

Svaka dvosmislenost

Ima smisla.

Snaga svih .uda ne stari

Ona ne stari

Nije tanka,

Dolazile su

Samo se sastaju i prenose


Ljubav ima dva .ivota:

Jedan poput na.eg

Kao magija, sjajan.

Spava u jednom

I budi se u drugom.

On .ivi oboje

Razumnija stvar

Ne postoji.

Njen .ivot pomjera granice.

## KVARNE MISLI

Visoko tijelo

Blaga misao

To dolazi i obuzima me no.u

Tik prije spavanja.


Odjek

Kao no. koju smo voljeli

Br.e

I brzo smo oti.li jedan od drugog.

Neobuzdana misao koja vezuje

Oduzima mi vrijeme

Napada me

Da te jo. volim jo. jednom

Kao taj prvi minut.


Kao lo.e dijete

Neobuzdana misao

Obuzela me je svojom ljubavlju.

Ah, misli, kvarne misli!

GDJE LJUBAVNE RIJE.I .IVE

Otadzbina je ljubav.

(.ta je to Albanija u.inila i .ta .e u.initi 1899)

Sami Fra.eri


Iz pra.ine

Gdje .ivot ima svoje korijene

Mo.da .ak i dalje.

Gdje nema rije.i nema ti.ine

Osim misli

Gdje se mogu.nosti susrije.u?

One idu daleko preko svojih granica

Ona je dublja

Rije.


Rije. ljubavi osnova

U krvi, u du.i

I .ire ◆


U.i nas kako .ivot mo.e biti prolje.e

Ako se sukobljava sa svojim tokom,

Onda ja shvatam to

Otad.bina

Ljubav iznad svega voli

Ove godine slavimo stotu godi.njicu,

Prije sto godina


Rodjena u Vljori4

4 Vljora je grad u Albaniji, gdje je progla.ena njena nezavisnost 1912.


Skrivena kurva

Crvena i crna

Ali, zato mnogo vi.e voli

Ranije od svih okova.

Nekako se nau.i ta pri.a


O rije.ima ljubavi.

Postoje dva puta

Kojima .ivimo:

Jedan doba dana

I ostali

Vrijeme ljubavi.

Postoje tri ljubavi:

Za Albaniju

Jedna .ivot,

A druga za djevojku.

U novembru proslavljamo moju ljubav.

# IME ZVIJEZDE

Za Bekima Fehmiu

Dao je rijeku savezu

Bistrici, u Prizrenu,

I po.elo je krajem .ivota.

Uzeo je sje.anje sa njim

Za etni.ku pripadnost, albanski trup

Sa svijetlom u du.i

I duh je krojio talase

Otputovao do nijeme umjetnosti,

Sve dok nije postao zvijezda ovog svoda.

Jednog dana

Kada je bio zadovoljan svim ovim

Otvorio je o.i prema Suncu

I njegov napad:

&#65533;.edan sam u du.i&#65533;.

Onda je oti.ao u Prizren,

Gdje mu je dato vjerovanje

Da je postao kosmi.ka pra.ina

Oti.ao je na obale

Arbre

Pravo u vje.nost.

Dakle, .ivot krsti zvijezde.


. jul 2011. Brisel, 12

## NA.E BOGATSTVO KOJE SAM NA.AO TAMO


Na bre.uljku gdje dah ispu.ta paru

Neki tragovi su negdje ostavljeni

Dvije jesenje no.i i na.i poljupci

Gore van zaborava.


Od tog dana i danas

Koliko du.a i no.i su pro.li

I opet sam na.ao na.e stvari tamo.

Du.om koja se kretala

Preostalo sje.anje

Na umu

I ve.eri koje nedostaju:

Gledali su jedno drugo

Lice u lice.

Drugi bre.uljak

Kao svjedok de.avanja

Koje se nastavlja,

Sa briljantnim an.eoskim duhom,

Ali ovdje .uva priroda jednu ljubav

I pjesmu koju .e otpjevati.

Ovdje i ondje.

Nijema u sredini

I rije. se nastavlja:

Dok je to brdo tamo gdje je

Na.i svoju no. i na. novi susret.

.vedska, 24. 12. 2009.

MITSKO

Koliko .esto .ujem o smrti .oveka u mojoj zemlji,

dio mene umire.

Ibrahim Rugova

Od prvog .ovjeka

I ovdje,

.uje se ne.iji glas

Jedna druga rije.

Proro.ka je imala put,

Druga.iji

Druga.iji pravac

Samo ista pravila.

Na ovaj na.in putujemo kroz godine

I hiljadu godina su do.le

Glasom rije.i

Otad.bina.

Taj bu.ni glas

Vra.a se Albancima

Adamu i Evi.

Sve ovo vrijeme

Ispod smo imali .avola,

Iznad Boga

Hvala Bogu, on nas je doveo

Ovdje.

Re.eno je,

Ura.eno je

Rije. i glas

Vrijeme je da do.e sloboda,

Mitska su.tina

To je izvan mitologije.


Brisel, 12. maj 2009.

OVDJE SMO SE SRELI

Hajde da se ovdje odmorimo

Na vrhu misli, izme.u zvijezda

Iznad na.ih .elja.


Gdje je onda to mjesto?

Mo.emo vidjeti jedno drugo u na.im o.ima.


Znam da je to dugo putovanje

Idem sa tobom kao pratnja

Od sun.eve svjetlosti da putuje. sama nije dozvoljeno.


Puno planeta, mnogo galaksija

Puna nebesa, koja nas .ekaju u svijetlu .ivota

Draga, kreni, kreni od sebe.

Na.i .emo se tamo

Krenimo zajedno ka na.em .ivotu.


29. 11. 2012, Den Hague, Holandija

PRA.ENJE


Oni su izbrisali moje pra.enje

Zlih lo.ih vremena,

Ne ostavljaju.i trag

Zaustavili su moje korake

I hodanje.


Reci mi rije. za putovanje

Kada tragovi nijesu poznati,

Vrijeme ili .ansa

Za pronalazak traga ne postoji.


Hodaju.i kroz .ivot,

Otisci koji su nas doveli,

U dvadeset prvi vijek

Vrijeme je ostavilo neopisivi trag u nama.


Prije dvije hiljade godina

Planiran je Illirik preko poluostrva,

Zato su i staze dobre

Ah, moji koraci.

Milan, Italija 30.08.2012.

TRAG .IVOTA


.li su milenijumi i vjekovi Pro

.ne godine i doba Mra

ili gene. Koji su stvor


Bez scenarija

.e pokreta Vi

nda sam pri.ao sebi. O


Opet pitaju me o nastanku gena

je Bog i .ovjek prave Gd

Dogovor

ivot po.inje od korijena. .


.en u drevna vremena Odre

.uva .ivot Da

.ak odraste Ili da

Ikada

.ivot .ivotu. Daje


.ivota i de.avanja I stotine hiljada

.e se i nestati Pojavi

ivot nastavlja svoj put. .


su Geni

obrodo.li i prate vremena, D

.e samo prikazivati Uprkos vremenu, on

ijeklo antike, Por

, ovo su moji geni. Dakle


Pariz 06. 10. 2012.

DA SE NE ZABORAVI


Domovina, stogodi.njica nezavisnosti


Jednog dana

Mo.da je najbolji dan

U .ivotu

Slobodno sam u.ao u misli, bez izobli.avanja

Bez ikakvog oklijevanja

Danas

.elim svoje korijene.


Neuobi.ajen

Obi.no

Stavili su izme.u dva pola,

Istinu i la.

Idi na.i istinu odmah.


To nije potpuno obja.njenje

Hiljade godina putovanja

U opasnim vremenima,

Ne zaboravi

Ovo je na. dan

Postao stota godina.


Jesen je

I ki.ovito vrijeme

Kao i danas,

To mo.e biti.

Istori.ari ka.u

To je bila sre.na jesen

Mada je na.alost polovina otad.bine van karte.

Ne zaboravi ovo kratko putovanje

Koje je u stvari dugo.

Od novembra

Kada je Albanija imala

66 godina

Ja sam do.ao na ovaj svijet

Sada .emo otad.bina i ja proslaviti prvi ro.endan

Zajedno.


Zajedno ili odvojeno?

Jos uvijek ne znamo.


Ko mo.e da ka.e

Da mi je potreban paso.

Da bih oti.ao u otad.binu.


Ko sam ja?

.esto se pitam i pitam o svojoj gluposti.

Ni jedan ni drugi odgovor.


Na TV-u

Ponekad .ujem da sam Kosovac

Ponekad Albanac

.ak i kada je to potrebno:

Kao neko nam govori o projektima,

Glavni, nacionalni, patriotski i drugo.

Nije va.no.

.elim da znam ko sam?

Ovo pitanje je uvijek bez odgovora.


Svake jeseni

Kada do.e novembar.

Dvadeset sedmi5 i dvadeset osmi6

5 27. novembra je autoru ro.endan

6 28. novembra je dan nezavisnosti Albanije.


Moje srce je ispunjeno .udnjom,

Uveli.ava dvije glasine koje me mijenjaju

U ovom .ivotu i

U tom .ivotu.


Brisel 27. 11. 2012.

## SVI MOJI ZNAKOVI

Jednom

Kada sam .elio da volim,

Kao u mom snu, poezija mi ponudila

Naj.udniji stih,

Momenti ljubavi su kratki

I vrijeme je oti.lo od mene.


O.i su mi se nadule da me probude

Ili sam sanjao,

Na kraju krajeva, svjedo.enje nije bitno.

Lijepa i stra.na

Koju izabrati, koju napustiti.


Pa nekako

Zapo.eo sam nedovr.en tekst

.ivota

I pravila igre

Sam zanemario,

Sve dok se ne otkrije razlog

Rje.enje svih nerje.enih.

Iznad .elje, iznad samo.e

Brza igra, zavr.ena igra.

Pomalo umoran i malo pokvaren

Do.ao sam do zaklju.ka

Da stavim ta.ku na stih,

Ekscentri.nu ta.ku poezije.

Vratimo se sljede.oj varijanti

Ljubavi.

Mo. nad mo.ima je rekla

To je.

Niti oni koji su je izmislili, niti ja sada

Ne znamo obrede magije.


Sa strunom u du.i, sa lirskom poezijom

Razdvajaju divizije, dijele divizije.


Jo. jednu stvar koju sam stavio u pri.u

Ali tiho, .ak i odu.evljeno

Da nikad ne prona.em pohlepu.


Ljubav

Ova crvena biljka, stara

U zemlji je korijen,

U kakvoj zemlji,

Ko zna ta.an odgovor.

Trup mora biti poezija,

Za slobodu.

Tako su mi rekli oni koji su to pitali

Oboje pomalo.

Za ritam hodanja

Ovaj smisao zna.enja je otvoren,

Izvucite malo ljubavi iz poezije,

Pjesmu ljubavi.

Cio va. .ivot bi.e razumljiv.


Brisel 10. april 2011.

## KAD ODE. U SARAJEVO

*U .ivotu, ipak, nekoga treba ostaviti iza sebe*

*Bili smo dugo u ovoj pustinji...*

Abdulah Sidran

Iz Evrope sa doga.ajima

Sje.anja iz devedesetih,

Do.ao sam u grad tih ljudi

Govorio sa divljenjem

I ostavio sam svoje o.i na zidovima

To je lijepo

One .uvaju tugu.

O moj Bo.e

Kako je ne.ovje.no .ovje.anstvo

Na.e vrijeme.

Vrijeme nije imalo nikakvog

Razmatranja za .ovje.anstvo

U ovom gradu

Gdje je Prvi svjetski rat po.eo.

Ta.no ovdje

Gdje su odr.ane olimpijske igre,

Danas,

Na prolje.ni dan

Stigli smo moj prijatelj i ja

Dolaze.i preko Atlantika.


Svako od njih sa svojim sopstvenim ispovjestima

Za Sarajevo.

Govorio je o televizijskim pri.ama

I ja sam

O vremenu kada je .ivot ko.tao

Pedeset centi

Isto koliko i metak ko.ta,

Metak je jednak jednom .ivotu

Izgubljen.

Tada sam bio jo. uvijek dijete.


.ivot i smrt

Podijelio je fin dio

Tako da nam on govori, smireno

Bosanski pisac Sabahudin Had.iali.,

Dok vozi auto koji

Nas vodi na festival

Sarajevo zima.


Rupe od metaka

Kroz zidove ku.a

Zajednice sa pre.ivjelima,

Dok

Za one koji dolaze spolja

Oni govore o hororima

Za crnu ta.ku vijeka

Dvadesetog.

Da li oni svi to nose ili ne

To je druga briga.

Grad

Sa vi.e istorije

Ima tako.e ne.to jo. vi.e

Taj govor i ti.inu

Preko brda

Brojne kamene grobove

Visoke, bijele,

Oni predvi.aju

Istoriju.

Sada

Samo zamisli ironiju

Sre.e

Ili istu sudbinu sa Sarajevom

I moja domovina tako.e.


Kao da je o.ekivalo moje odrastanje,

Onda me je .ivot nau.io

Detalji dijele .ivot sa smr.u,

Sudbina .ivota

Gdje je .ivot bio jednak

Sa cijenom metka.


Sada

Svakog puta kada .u govoriti

O Sarajevu,

Pokaza.u epizode

.ivota,

Gdje je vrhovni lik

Smrt.


Sarajevo, 21. mart 2012.

## RIJE.I .IVE U MISLIMA U GLAVI

Rije.i su planete

.ive u mislima u glavi:

Imati vodu, vazduh i svjetlost,

Kao Zemlja

Izvor .ivota.

Suncem sazrijeva vo.e

Misao

Dolazi i pridru.uje se zajedno

Kao zvijezde u galaksiji.

Kako su mo.ni oni to znaju.


Donosi okolo sam

Kreiraju.i njihov dan i

No.,

O mislima

Kreiraju.i sezone,

Tako da

U rije.i .ivot se razvija,

Oni prave planetarni stil .ivota.

Neki su vi.e .ivahniji,

Ostali divljiji,

Pouzdani.

To zavisi od toga ko im govori i kada,

Gdje pi.e:

Kada su ukusni

To je u redu sa mnom

Ali, stranac

Kada izazove zemljotres.


Tirana, 22. oktobar 2012.

## LIRSKO HODANJE

Ona ne govori puno o ljubavi

Ona otvara o.i tokom jutra,

Zvijezde su se osmjehnule nostalgi.no:

Ne zahtijeva mnogo vremena

Vrijeme,

Ne ide dalje

Samo.

Odvoji vrijeme i budi sre.an sam sa sobom,

Na putu smo te upoznali

Usamljenost

I tvoje odsustvo,

Ponovo,

Ponovo nastavljamo, hodamo

Dan se kre.e u podne.


Lirsko hodanje

Od obale do obale,

Od doline do doline,

Putujemo do nepoznate zemlje

Prema novom poznaniku,

Koliko puno smo po.eli,

Koliko puno smo uradili do sada.

Vrijeme

Ono .to .eka na izgubljeno vrijeme,

Za.to nam to ne govori o ljubavi,

Za izvore koje izviru

I nikada se ne umore.


Sebi ne dozvoljavam da pitam

Sebi

Za zaboravljene motive.

Bez snova

Sa.uvaj nas sa na.im stavovima.

Nekada davno,

Kada sam .elio da volim,

Vrijeme nije imalo vremena;

Kasnije,

Kada su oti.li

Polasci,

Igra je promenila svoja pravila.

Sada

Kada .elim da idem dalje,

Dan je doveo do ni.ega.


Nema vi.e vremena!

Za rituale govorimo u drugom vremenu.


Milan, Italija, 31. avgust 2012.

## DEFINISANI PORTRET

Sa nagiba okrenuo sam svoje o.i

Kada sam vidio perle u grlu

Iz svog uma sam za.aran

Stara ljubavna pjesma iz Rugove


Sve u snu

Tako.e je moj dolazak,

Ono mora otvoriti o.i raja

Vidjeti ne.to zajedni.ko danas.

Dolazi

Pridru.uje se rije.ju,

Daj mi tvoju strpljivu ti.inu

Preboli vjetrove

Koji trepere,

Jedino tvoje strpljenje izdr.ava

Sve oluje.


Volim tvoju rije., kraljice

Sve rije.i sa kojima stojim.

Vrijeme je kao ti

Vru.e i lijepo sa radijusom,

Kao ru.a je moja draga,

Idemo dalje.

Hajde da uzmemo voz

Ili .e nas prolje.e napustiti,

Onda ko .e .initi cvije.e zelenim

Kako .e rasti trava.


Ti si kao ova pjesma

Koja je napisana za tebe,

Rije.i kao tvoje disanje

U djelima ljubavi,

U malo vi.e

Opisivanja

Igra se ne mo.e nastaviti.


Karakter

Kr.ten tokom vremena bez imena,

Bez podataka,

Bez mjesta.

Kao .to ste svi dobro

Koliko stvari izgledaju

Mi .elimo,

Koliko je kao ovaj de.ifrovan portret.


Dukaj, Rugova, 15. jul 2012.

# MO.DA PREVAZILAZE NA.E GRANICE

Pisanje je jedno od najve.ih zadovoljstva za mene.

Tu je isto i ogromno mu.enje.

Ali to je jedina stvar koja me .ini .ivim.

To je kao ljubav ili seks.

Alisa Munro

Vidio sam sebe nevidljivim jedno ve.e

Na trgu na.ih radosti,

Do bezbrojnih razgovora,

Krstio sam bezimene stvari.

Danas je daleko za dva uputstva

Ljubav.

.ivim u prognozama.

Jesen sa pejza.em

Otvoren,

Ni daleko ni kasnije

Nemam svoje zaborave

Od staza koje su me odvele od tebe,

To je to

Izgubio sam sebe.

Izvan doga.aja koji se dogodio

Izme.u tebe i mene,

Izgradio je kineski zid sa vremenom:

Sve je nestalo,

Kako da krstim pogled

Koji se o.igledno topi

Nedosanjane snove,

Pa kako se u.i u meni

Impuls.

## SA RAZLOGOM

Tu su tri pogleda:

.to mi vidimo

Sljede.e je ono .to ne vidimo

I tre.e,

Ono .to imamo na umu.

Razlozi su kao one,

Ispunjeni robom.

Za ovo mi .ivimo sa razlogom,

Mi prodajemo i kupujemo izgovore.


Imamo tri pravca:

Jedan nas vodi nama,

Drugi nas vodi dalje od nas samih

Dok tre.i ne dovodi ni mene, ni tebe

Gubimo sami sebe.

Biramo .eljeni pravac

Ili nas vodi.


Kao .to mo.emo da vidimo

Kao vozilo, kao razlog

Koliko puno akcije, koliko puno razloga

Skoro su isti

Jedna.ina je izjedna.ena sa razlogom.

Jedna stvar se dogodila i

Nezamisliva stvar,

Obi.no

One su jednake sa razlogom,

Kako god

.ta radimo kada

Nema razloga za razlogom.


Luksemburg, mart 2012.

## BOG JE REKAO LJUDIMA

Sa visokim planinama prekrivam polja,

Sa njima napravio sam mjesto za odmaranje, sjenku.

Rano i ranije da probudim no.i

Od spavanja,

Razmi.ljao sam cio dan.

Kako da u.inim svjetlijim sljede.i dan.


Danas je lak.e

Kada put propadne i nau.i ih

Do kraja.


Nau.io sam tvoje bolove i radosti

Da osjetim .e. potresa,

Oblake i raj stavljam povrh tebe.


Preko brda, kroz talasanje

Stavljam tvoje o.i da vidim budu.nost.

Ti ima. sunce i zemlju

Sve .to sam dao njima,

Objezbe.uje ti da uzme. malo vi.e

.ovjeka.

Da vidi. san .ivota

Mo.e. vidjeti .ivot lijepo u snovima.

Bog je rekao .ovjeku

Kada sam ovo uradio,

Napustio sam iskaz:

Pazi se

Da brine. o ostalima isto.


Krakov, Poljska, 26. avgust 2008.

## METAMORFOZE MATERIJALA

Pri.anje nije tako veliki posao.

Za.to mu pridajemo toliko pa.nje,

I za.to ne te.imo nebeskim tijelima

Sa stanovi.ta, prije

Nego .to pustimo te rije.i da pro.u dobro

Koje ne znamo;

I dalje .ekamo da budemo otkriveni.


Kao neki, koji govore o ti.ini

Bo.ji jezik sa zvijezdama.


Kratko prije govora

Hajde da kucnemo mislima na prozoru

Da vidimo koliko im vremena treba,

Za one kojima otvaramo vrata.


Pazi se

Da spasi. ostale.

Ostani unutar sebe,

Govorenje se klasifikuje,

Govorenje sa govorom materije

Koja te.i vi.e.


Komunikacija nije tako jednostavna,

Rije.i bi se trebale .uti

Dopusti nam da pi.emo beskorisno,

Jer .ivot poti.e od materije

Prije svega.

DIJALOG BEZ MANIPULACIJE

SA DAMOM BEZ IMENA

Daje mi da di.em

Duva sa juga i sjevera,

Sada mi ka.i: vidi. li me ili me gleda., ti baca.

U mom snu;

Moja ti.ina te vidi i .uje.


Ovaj put .e u.initi putovanje

Sopstvenim: mojim i tvojim

Za samo nekoliko koraka,

Ova staza je kraj po.etka

Tako da takva su putovanja.


Ova konverzacija koju .ujemo zajedno

Re.ena je na drugoj planeti,

Na drugom jeziku

Pojavljuje se nama

I olo. je

Stranac za nas,

Onda nas odvodi

Na dva suprotna pola

Sada i ponovo

Svijet nas stavlja u sredinu

Okeani se pred nama postavljaju

Sa dijalozima koji nisu uklju.eni

Ve. smo .uli ovo.


Zvijezde tako.e govore

Za na.e igre bez varanja,

Za bezbrojne konverzacije.

KOJIM .IVOTOM .IVE

Bitka tvoje du.e protiv duha lojalnosti.

D.ejms D.ojs

Nepo.eljne pjesme

Stavljaju ispred mostova,

Preska.emo ih

Kao na bijesnim rijekama,

Sa stidljivo..u

Koje uzimaju od nas

Kao snimci zaborava.

.ivi i

Ne.ivi

Pletu himne,

Ponovo ne znamo

U kojoj .ivimo bolje.

U kojoj zvijezdi je sudbina ?

Polarna zvijezda tako blista,

Ili moj pogled

Poku.avaju.i da probiju rastojanje

Oni nas dijele,

Ti i ja, druga strana

Magi.na ispovijest.

Kada sam upoznao moj .ivot,

Moji motivatori su shvatili,

Pjesme ptica tokom no.i.

Dok su mi drugi pri.ali

Mi smo prolaznici, samo starimo i prolazimo.

I ja sam pro.ao pored prolaznika

.ist,

Sudbina vjeruje da su u zvijezdama.

Stoga svi motivi,

Tog dana i danas

Po.eo sam da ih planiram stalno

Da rije.im ostale korake,

Gdje napu.tam, gdje uzimam.


Ulice .ivota vode svuda

Vjeruj sebi da ima. to sa sobom,

Sa.uva.e. svoje .ulo vida.

## .IVOT JE TU.AN SAN

U kom vremenu .ivot nedostaje

Ova prerana ki.a i godine

U.ivanje

Ili toplina koja je u sjenkama.

Kada smo se brinuli da uhvatimo na vrijeme,

Drugog puta smo htjeli da odemo.

Tako je sanjar .ivota bio

Isto koliko je i tu.na ispovijest.


Na koji na.in ide dama,

Reci nam

Uzmi trag za nama

I korake,

Sanjati je da zna koliko je to tu.no.

.ta, molim?

Ovdje i na drugom kraju .ivota

Mi pratimo po.udu bezbo.nika.

Hajde da se suo.imo

Prelijepe

Tada stvari i ni.ta

Postaje ne.to

I san postaje .ivot

U tu.nom snu .ivota.

# KADA SAM POSTAO VOJNIK

Za one koji su zaposijedali bili su vojnici,

Povodom pete godi.njice (ne)zavisnosti Kosova.

Kada sam postao vojnik

Izgledalo mi je da to nijesam ja,

Neko drugi mi je do.ao;

Neko mi je dao malo o.trine

.er.a Kastriotija

Malu krunu kraljice Teute

Savez Luka Duka.inija

I po.eo sam da vjerujem

Da je sloboda ne.to savr.eno.

Stavili smo zastavu na duh

Naoru.ali smo na.e ruke tijelima

Na.e o.i slobodom

I krenuli smo putem smrti,

Ka .ivotu.

.ivot bez ograni.ene slobode,

Koju smo u.eni da imamo,

Tako.e, polo.ili smo zakletvu.


Kada sam postao vojnik,

Otad.bina prije svega

Rekli smo:

Tragovi predaka pjevaju Isi Boljetinu.

Mislili smo da smo dobro

Kada je Albanija dobro.

Ah, Kosovo,

Prelijepa ta.ko.

Tih dana

Sloboda je ko.tala vi.e od .ivota,

I mi smo imali .ivot i smrt blizu

Bli.e nego .to sam bio samom sebi.

Godinama, te mra.ne no.i,

Ti dugi putevi su i.li,

I napu.tali me,

Upamtili smo da je .ivot postao cvijet,

Jedino sjutra je ostavljeno bez pitanja.

Sve to do.lo je do danas,

Jo. stotinu la.i,

Mnogo manje prijatelja i

Ni.ta vi.e.


Imamo .ta imamo

A .ivot je odsje.en iz zato.eni.tva,

Bog je to napisao.

U dvadeset i prvom vijeku

Kosovo je postalo slobodno.


Nadalje, vrijeme po.inje da osu.uje

Divlje kao sjenka da prisustvuje ve.erima

Na svijetlu meseca.

Zajedno sa prugastom uniformom

Snovi, iluzije, mi ne poznajemo

Sebe.

Domovina izgledala je

Kao odgovaraju.a

Sloboda.

STVAR


Kristali su obmana

F. G. Lorka


.udne su stvari ljudska bi.a,

Sve ima svoj izgled,

Oblik

Bi.e stvaranja

Vrijeme i Bog stvaranja.


Njen otisak u mojim mislima

Bez naro.itog formata,

On postavlja parametre materije.


Dani dolaze i idu, svjedo.e.i

Za moj izgled,

Materijalno iz koga stvaranje po.inje rije.

I vrijeme s ljubavlju.


Razumljivo, tema teorije

Praktikuje pristup slikama bez oblika,

Bez dimenzije.


Jo. prije dolaska

Mu.i se da ga oblikuje;

Jedan plus jedan

Jednakost sa nama i ta.kama.


Ograni.eno u prostoru,

Ve.e se ogla.ava i ograni.ava te.

Od va.eg stola do danas

Svaka staza vodi do mene.

Na svakom koraku .ivota,

Tvoje srce vr.i obred

Ima rezultata u materiji

Oni ka.u ljubav.

Ljubav ta vje.tina du.e

To mjesto je u meni, u tebi.


Sada, zna. sa mojim .udnim stvarima.



30. januar 2013. Brisel

DVA STRANCA U VAXJOU


Postoje dva stranca u gradu

Gospo.a i gospodin,

Svi ostali izgledaju druga.ije.

Oni nijesu kao hodanje,

Sve .to je izgovoreno

Jeste ono .to dvoje stranaca ka.u.

I jedno i drugo sreli su se

U gradu.


Ve.e dolazi kao doma.in i gost,

Obredi razmjene robova i razgovori

Rastu

Ekstaza se ne o.ekuje,

Razumijevanje dolazi u ovaj grad

Kada se simboli razumiju.


Dva stranca

Izgledaju kao da su se sreli prvi put,

Ne kao .to jeste

U gradu sa ljubavnim legendama.

Prvi i posljednji

Jednom su se sreli,

Te no.i san intelektualaca,

U kome je .etvoro prestignuto

Doba ljubavi,

Dok .itava pri.a nije zavr.ena.


U gradu

Dva stranca su se sru.ila,

Preko no.i,

Dok nisu saznali sjutra.

Sanjanje i nesanjanje do.lo je

U petak.


U gradu

Ka.u ima mnogo boja

.ivota.

.udno, ali istinito

No. u Vaxjou

Imala je .etiri doba ljubavi

Za dva stranca.


Novembar 2008, Vaxjo, .vedska

VRATI.U SE STIHOVIMA

Prolje.e pozna. samo po cvije.u...

Pol .eraldi

Vrati.u se stihovima

Da te upoznam

Po.to sam propustio ovu no.,

Da prevladam spavanje sanjanjem

I ovu mra.nu no..

Budi oprezan

I zaple.i malo uz stihove

Ove poezije.

Ina.e

Kako da te vidim ve.eras

Kada mi je um sam?

Dvije rije.i

Sa obazrivim glasom:

.uo sam da ka.e

Glas srca

To je najdalji ili najbli.i glas

Najopasniji.

.elio sam da ka.em.

Iz moje poezije

Iza.ao je glas i pozvao me:

Ooo hej ooooo!


Ve.eras .u biti

Rije. da zakrpim re.enicu,

Samo da te odr.i lijepom

U mojim stihovima

Poslije svakog znaka interpunkcije

Da se pro.ita ponovo.


Bi.u ove no.i

Prelijepo .itanje,

Da nau.im kako je srce opisano,

Surfuju.i stranicama zadovoljstva,

Samo da saznam vi.e o tebi.


Bi.u

Ono .to ne.u raditi ve.eras.

Najbolje iz naslova poezije,

Jer

Ti ostani

Kao .to je zamra.eno.


Oslo, Norve.ka, januar 2011.

SINO.


Kada sam spavao

Sve tr.anje koje mi se pokazalo

Kako mogu biti dio trke kao .to sam mislio;

Ali samo sa vama sam igrao.


Zvijezde su se popele na scenu

Visoki predstavnici podijelili su sa mnom

Ulogu

Adama

Sa tobom da igram, moja Evo.


Ako bi se no. nastavila za hiljadu godina

U.ivao bih igraju.i dovoljno sa tobom,

I.lo je i i.lo i u.inilo

.ivot zanimljivijim

Zanimljivijom ulogom.


Pokupio sam sva .uda

Snijevanja,

Dalje od bilo .ega

Tr.im

Do trenutka kada sam iza.ao iz jutra

Igra je bila zavr.ena.


Sjutra

Kada sve igre, sve uloge

Oni moraju da privedu kraju,

Pru.ile su mi svoju pa.nju;

San, htjedoh re.i,

Izvinjavam se za slabost,

Za.to .ini moje snove budnim?


Pariz, 22. mart, 2011.

MOJ PROSTOR BEZ GRANICA

Uspomene se griju spolja,

Ali te lome iznutra.

Haruki Murakami


Dugi razgovori, beskrajni

Kao da je ovo bio kraj svijeta.

Moje rije.i kao tvoja ljubav,

Sjedim u svojoj samo.i

Pi.em snove za tebe.


Na po.etku prvog stiha

Bila je samo magla i po.eci samo.

Ja sam nastavio dalje,

Sa tobom u ovom duhu po.eo sam.


Ne mo.e. vjerovati magli,

Kako nijesam uzeo tvoje o.i?

Kada sam oti.ao,

Da vidim sebe izgubljenog,

Moja azijska damo.

Kako smo izgubili sebe?

Ti ne zami.lja. gubitak,

Kako da ne prona.e. drugo mjesto

Negdje daleko od tebe, negdje daleko

Od mene

To prati moje vrijeme.

To je podijelilo nebo na pola

Galaksije.

Svijetlo se vratilo

Dok sam po.eo zami.ljati da stvaram svjetlost

Zakora.io sam njenim koracima


Poljupci koje si ponudila jednom,

Osmijesi bez daha

I prvo vrijeme ljubavi

Zajedno otvorio sam

Na.u pri.u,

Tako sam krenuo da ti se pribli.avam

Putem koji nema kraja.


Sre.o, ime moje princeze

Dolazim ti

.ekaj me izvan mene,

Ovdje je kraj pri.e

Ova kratka staza

Radim to zbog tebe, radim to sa tobom.


Tvoje disanje, moja Azijatkinjo

Prenosi mrlja,

Put postaje svjetliji

Moje o.i ispunjavaju plavo nebo.

Srce kada govori

Leti kroz planete i galaksije,

Dok ne zaustavi.

Moj bezgrani.ni prostor.


.ivot ispunio te je zabavom

Hodaju.i mojim stazama,

U svim pravcima

Koji me vode do tebe.

Ljubav sa azijskim .udima.

.elim da odem,

Svuda ona .eka

Ne.to me dovodi,

Ne.to nas ujedinjuje.


Moj beskrajni prostor.


Brisel, 11. februar 2013.

IZA.AO SAM IZ SVOJE KO.E

Plakao sam za tobom ve.eras, Arberi.

Nijesam posti.en, za.to sam plakao.

Posti.en sam .to ne mogu raditi to vi.e, od srama pla.em.

Azem .krel.i


I

Ostavio sam sebe samog

I oti.ao negdje daleko,

Negdje izvan predvi.anja;

Iznad svake umjetni.ke ma.te

I rekao sam javno:

Izgubio sam sebe.

Ako je to neko vidio

Molimo da objavi moju sjenku,

Dok ja

Po.injem da tra.im puteve na otpadu

Stra.ne,

Za san

Ne.eg lijepog.

U uglu domovine

Gdje jedni .ivimo u skladu sa drugima;

Rekao sam sebi

On nije i.ao i mjerio to

Slobodom .tampe.

Pratio sam ga

Blizu gdje je pro.ao,

Kao putovanje

On je krenuo dalje

Bli.e realnosti.

II

Kada sam oti.ao,

On im je oduzeo

Obmane

Gdje je voda uvijek .ista,

.ak i onda

Kada vrijeme nema vremena

Za tekstove.

Poruka me je napustila

Napisana na papiru:

Postoje stvari koje bi trebale biti voljene

.ak i kada vam ne trebaju,

.ak i kada ih ne .elite

Domovina je klju.na rije.

Svih ljubavi.


Za.to si im potreban za ovaj posao?

Drugi imaju rije.,

Oni koji su jeli domovinu

Kao .to vukovi pro.diru svoje,

.elio sam...

Dakle, nekako sa rije.ima,

Ali to mi ne smeta

Da se upla.im straha

Dalje.

Nema mjesta za odlazak.

Ali isto ima smisla da odlo.i

Moj povratak

Odlaganje koje nikada nijesam .elio.

Ti.ina je zakasnila sada.


III

Kako sam bio deportovan

Oni su me ostavili samog

Dok se okretalo

Oko tijela

On se susrio sa stvarima i ni.tavilom,

Sa zbunjuju.im snovima,

Sirovim i jedinstvenim;

Pri.aju.i i .ute.i rije.ju.

Nemoj biti ja

Upitao si sebe,

Jeste ili nije ova zemlja

Domovina

Sjeme moje biljke, albansko stablo

Gdje su rasli ti gorki plodovi?


IV

Ako je neizvjesnost bila u vezi sa stvarima

Vrijeme je znalo,

Vrijeme je dobro znalo,

To je dugotrajno;

Zato vrati se nazad u moju ko.u

Rekao sam sebi i vratio se;

Domovina se obavija oko vrata,

Vremenom napunjena

I doveo mi ju je

Dao mi ju je ko .to ti ljekar daje lijek:

Idi sada,

Idi, nastavi.


Da li si se ikada

Zapitao kada ne znamo

Gdje su odlasci oti.li?

BU.ENjE U SNOVIMA


U snu ili u pameti

Nije bitno,

Va.no je da sam sa tobom

Prevazi.ao veliku vodu,

Nose.i mali svijet.

Zatim napolje u .etnju

Na putu sam

Sve do tebe.

U vrtu planinskog cvije.a,

Dva sjemena su posijana

I uve.ane smo ih stavili ispod,

Nastavili smo dalje.


Naposljetku,

.ak su i snovi bili njihovi .ivoti

I ti zna., draga, da

Bez obzira koliko puta sam te volio

Ve.e nije bilo ve.e,

Dan je probudio spavanje.

I kao .to sam rekao:

.etali smo zajedno

Od grada do grada,

Od cvijeta do cvijeta,

Od mene do tebe i obrnuto,

Ono .to je va.no je epilog ovoga

Doga.aj.

Sa tobom hodao sam o.tricom svijeta

Kroz puni libido igre,

I gdje smo se vidjeli bilo je svjetlosti.

SMIRENO

Ova slova su napisana od strane nekog.

Neko drugi .e do.i,

Do bo.i.nog stola,

Na stolici

Na kojoj bih ja trebao biti?

Uzmite nekog ve.eras.

Ova slova bi.e pro.itana od strane nekog.

Vo.e datog vremena,

Neko je pojeo.

Uzalud nao.treni dana.nji zubi

Za ovu proslavu,

Istina je negdje drugdje.

Ovih dana neko pamti i zaboravlja.

Put kroz koji je neko

Jednom pro.ao

U potpunosti se ispunio iznena.enjima.

Odbiti i ustati,

Neko ovog praznika mo.e to uraditi

Sjeti se,

Sada za sve .to se mo.e uraditi

Vrijeme stvara smirenost.

.EMU BILO .TA KADA NE.E DO.I

Me.utim, bio je tunel ako nije neki drugi,

mra.ni pustinjak,moj tunel.

   Ernesto Sabato

Uvijek .eka pjesnika,

Most kroz koji se prevladavaju sami sebe

Dani i nedjelje ove sezone

Hladno.a,

Doma.in slijedi prolaznika,

Samo radi svoj posao.

U odsustvu povratka

Upozorenje,

Prijem je ote.an

Pisanje.

Tako,

Iz dana u dan

Vrijeme .eka,

Dugo .eka. da bude. ka.njen

Iako ima vremena,

U.la je u njen san

Ona ispru.i ruke na pe.

Isklju.ena

Od datog sporazuma,

Zatvorena za pro.lu pri.u.


.ta ako ona ne do.e,

Ja .u se prevladati

Da do.em kod tebe.

Da u.em u tvoje rije.i, u tvoje re.enice

Da ponovim

Moje posebno ime,

I tvoje

Da ti ispunim glavu sje.anjima,

Duh je otvoren za tebe, sjajna ljubavi.


U igri

Nije sve gotovo

Ako .elja mo.e biti ve.a od mogu.nosti.

Zna. poeziju

Da poezija ima svoja pravila

Kao ljubav.

Pjesnik je rekao:

Izme.u mesa i p.enice,

Izme.u neba i zemlje,

Do.i sada malo meni

Mi se odri.emo malo ljubavi za du.e.

ZAMI.LjENA RASPRAVA


Ma.ta zove,

Sre.om, u moje ime

Vrijeme nema vremena za ljubav ve.eras,

Ono voli ne.to drugo.

Paralizuju.a igra je nekada bila motiv,

Sada je prisutno

Ono .to nije moje,

Rade.i tvoje:

.elja otvara prozor,

Da vidi ma.tu,

Kako dolazi i zaustavlja se ispred vrata

Misle.i.


Odlazim od mene

Draga,

Tra.im jo. briljantnosti

Moja inteligencija,

Ali odgovaram na poziv:

Nemam vremena za polemike.

I, zapravo,

Redovno se sva.am sa ma.tom.

Ne sla.em se da vrijeme nema vremena

Za ljubav.

Moje vrijeme ima vremena za sve,

.ak i za ni.ta, konkretno sada

Ili .ak za nevidljive stvari.


.esto,

U odsustvu savr.enog

Ideja,

Zami.ljam fantasti.nu ljubav

I dobro je poznato da,

Gdje je razvijena

Polemika,

Razlozi i nerazlozi

Samo sa voljom, nikada sa mr.njom.


Pa .ta

Ako um u.e u glavu,

U.e u srce.

Za vrijeme ima vremena,

Kada ve.eras

Ja uplivam u njen du.evni intimus,

Iza jedne linije scenarija

No.,

Idemo na obalu doga.aja.

Fantasti.no

Zaustavio sam vrijeme blizu mene

I bez obzira na sve

Sjedim da .ekam.


Zami.ljena polemika ili ma.ta polemike

Poslije svega toga, ti i ja smo druga.iji,

Ima.emo malo vremena ve.eras,

Bar dovoljno za ta.ku ljubavi.

# .ELIM DA TI SE PRIBLI.IM

Uvijek si mala zvijezda, a ja uvijek mra.ni mornar.

Uvijek obje.en i okrenut na desno.

 Odisej Elitis


Kada sunce za.e, zabrini se

Ono ostaje sa mnom,

Kada idem u no. onda ono nestaje.

Takvo iznena.enje, sve izgleda dremljivo,

Ni snovi se ne bude,

I ja

.elim da ti se pribli.im.


Ne pretpostavljaj kako dolazi

Zanimljiva ideja, puna briljantnosti

U.e mi u glavu,

Pretvara moj um u vatru.

Vatra voli za tebe.


Mo.da ovo mo.e biti samo ideja,

Ljubav ra.irena kao ptica u letu

Nebom.

Iznena.uju.e, dolazim ti svakog dana

I ti krije. moju odje.u od razmi.ljanja.


Zbog tebe uvijek mislim na golotinju.


Budimpe.ta 17. januar 2010.

# TERMIN HAOTI.NOG PROSPEKTA

Istina je kao svjetlost.

Uvijek sija.

Albert Kami

Da bih dao o.i plavom nebu,

Kao sunce na zemlji ujutru

I da bih postao bijela ptica, letje.a

Uznemirena oblacima.

Da bi se popeo na vrh planine,

Sva ova lica su ba.ena u oko

Moj um je upalio moja svijetla,

Da bih bolje vidio na.e korake.

Dvije ili tri rije.i koje me .ine sre.nim,

Istina to pretvara u iluziju

Pazi da to postane stvarno.

Budu.nost projektovana,

Kao prolje.e sa cvije.em, samo zelenilo,

U ljeto sam do.ao udobnije.

Jednostavno da predvidim .udo,

Nebo je iskusilo ovaj .ivot.


Ne zaboravi ljubav,

Ni puteve koji nas razdvajaju

No.i bez mjese.ine.

Da se vratimo jo. jednom

Od po.etka,

Novi doga.aj do.ivjeti.

Okre.u.i pogled,

Iz nebesa na Zemlji ostaje ti.ina

Molite se, volite, .uvajte svoje srce;

Kad srce uspije,

Taj povratak nije tu

Sve kao .to je .ivot ide naprijed.


Koordinate

Staviti ih prema arhitekturi - baroku.

Kada nadbiskup brine

Duh samo gradi.

Ja i ti, draga,

Da bismo produ.ili mo. glupih,

Hajde da se vratimo sebi

Jo. jednom od po.etka.


Sve ima svoj oblik,

Kao ovo haoti.no predvi.anje.

Termin koje .elim da uradim,

Sa .armantnim imenom.

Svaka rije. mi ka.e:

Izabire me,

Izabire me kao ime,

Dok sam sasvim slu.ajno

Moja predskazanja nazvao:

Zanemarena ljubavna slika.

## GDJE BILjKE LjUBAVI RASTU

Dovoljno sam video ... dovoljno sam imao...

dovoljno sam znao...

Artur Rembo


Negdje daleko,

Tamo gdje se neposredna blizina lomi,

Njihove prekretnice

Gdje rastu biljke ljubavi,

Sjeme masti su otkinute

Do ovog puta vidimo.

De.avanja .udnih ljudi,

Prolje.e dr.i svoje ime.

Udaljena ljubav prema tebi.

Ovaj dan ima svoje korijene u martu

U prolje.nom prolje.u koje slijedi zimu

U vama koji se nadaju nadi,

U meni koji sije lirske stihove.

Sve ide svojim putem,

Ja i ti smo stajali daleko

Negdje, daleko,

Bulevar blizu tvoje ku.e,

Dane i no.i koje smo proveli

Jednom zajedno,

Zagrijavali smo se poljupcima i rije.ima

Na prvom mjestu,

Prvo kad smo po.eli na.u ljubav

Martovski dan je bio,

Mo.da kao danas.

Sunce je poja.avalo aromu cvjetova,

Pariz voli ljubav;

Koliko je dobro kada smo se upoznali.

## DOK SMO ZAJEDNO IMAMO JEDNO DRUGO

U krevetu

Pretpostavljam da ne mo.e. i.i sama,

No. se valjala u samo.i

Ali spavanje nije u tvojim o.ima.

U meni

Nepoznati ima nokte u Hristovom jevan.elju,

U prepolovljenom duhu

Nedostaje mi tvoje odsustvo.

Prije petka zami.ljam ekstravaganciju

Tvog princa.

Dugi putevi u kratkim snovima

Pojavljuju se u tebi,

Dok traje sanjiva no. sa tobom

Jo. jedna,

Samo su nam potrebne poruke.

U mom govoru napisane u poeziji

Vrijeme zanemariti,

Pitati nostalgiju.

Ja je zovem izgu.vanom.

Do.i da spava. kao .to spava..

Prognan sam u tvoj grad,

Iako

Ne dolazi ni meni ve.eras

Ne mo.emo pobje.i od nas samih,

Jer

Mi imamo jedno drugo u sebi.


Atina 21. maja 2013.

# TRAGOVI

Ja tragam i tra.im

talase lo.eg vremena.

Nema tragova mojih koraka,

ili .ta god mo.e izgledati kao oznake.

Odlazim dok hodam.

Ka.i mi

o putovanju

u zamagljeno vrijeme.

Nema .anse

da pratite nepoznato.

Gaze.i .ivot,

ostavili smo otiske koji su nas doveli

u dvadeset prvi vijek.

Vrijeme je ostavilo neke

neobja.njive oznake na nama.

Tragovi iz .etnje kroz Iliriku,

preko poluostrva prije dve hiljade godina,

ti si veli.anstven.

O, ovi moji otisci!

.OVJEK

Gledaju.i njegovu sjenku,

Tijelo .ovjeka ga je pitalo

Za.to nije bio

Neko drugi.

ODGOVOR NA TVOJU REPLIKU


Bilo je trnovito putovanje

Uzeo je sve sa sobom

O.ekuje se to o.ekivanje

Dolazi neo.ekivano

I usmjerava svoje snove

Prema izra.ajnijim stvarima

Prema ljubavi.


.ta se de.ava

Izgleda da su svi putevi

Zajedni.ka staza

Jo. uvijek neisprekidana

Dok ja sanjam o snu.


.ta je sada?


Onda

Krik postaje stariji

Sjutra postaje danas

Zaglavio si se popodne

Mislim da to zna..


Zapamti

Bilo je trnovito putovanje

Pro.lost je zara.eni dohodak

Od ju.e

Od danas.

# BILJE.KA O PJESNIKU

Jeton Keljmendi ro.en je 1978. u Pe.i, Kosovo. Pjesnik,
dramaturg, knji.evni prevodilac, publicista, univerzitetski profesor
i akademik. Osnovnu i srednju .kolu zavr.io je u rodnom gradu,
studije komunikacije u Pri.tini, a postdiplomske studije na
Univerzitetu u Briselu (Me.unarodna politika). Drugi master
zavr.io je na diplomatiji, a doktorat iz oblasti politike i
me.unarodne bezbjednosti.

Objavljuje pjesme, prozu, drame i eseje. Saradnik je
mnogih medija i me.unarodnih .asopisa iz oblasti kulture i
politike. Njegova poezija je prevedena na 25 jezika i zastupljena u
brojnim me.unarodnim antologijama. Najprevo.eniji albanski
pjesnik i dobitnik mnogih knji.evnih nagrada u svijetu.

Trenutno .ivi i radi u Briselu.

Objavljene knjige:

. Vijek obe.anja (1999, poezija),

. Preko .utnje (2002, poezija),

. Ako bude podne (2004, poezija)

. Pokloni mi malo domovine (2005, poezija),

. Gdje odlaze dolasci (2007, poezija),

. Damska rije. (2007, drama),

. Do.la si tragovima vjetra (2008, poezija),

. Vrijeme kada .e biti vremena (2009, poezija),

. Putovanje mi.ljenja (2010, poezija),

. Lo.e vrijeme za znanje (2012, publicistika),

. Dozivam zaboravljene stvari (2013, poezija).


Izdanja na stranim jezicima:


. Ce mult s-au r�rit scrisorile (2008, antologija),

. Breath / Fryma. Indija (2009, poezija),

. Dame parol. Francuska, (2011, drama),

. Comme le commencement est silencieux (2011,poezija),

. .o. pane oi epxomoi. Gr.ka (2010, poezija),

. Wie wollen. Nema.ka (2011, poezija),

. Nasil sevmeli. Turska (2011, poezija),

. A Palavra Evitou o Sil�ncio. Brazil (2009, poezija),

. How to reach yourself. SAD (2010, poezija),

. Frau wort. Nema.ka (2012, drama),

. ..... ...... . Egipat (2012, poezija),

. Na verhv. .asu. Ukrajina (2012, poezija),

. V zenite vremeni istlev.ego. Rusija (2013, poezija),

. Pensamientos del Alma. .panija (2014, poezija).


Me.unarodne nagrade i priznanja:


. Doctor Honoris Causa. Ukrajina (2012),

. Solenzara. Francuska (2010),

. Nikolaj Gogolj. Ukrajina (2013),

. Aleksandar Veliki. Gr.ka (2O13),

. World Poetry. BiH (2013),

. Prevodilac godine. Kina (2013),

. Ludwig Nobel. Rusija (2014),

. Naji Naman. Liban (2014),

. Din Mehmeti. .akovica (2011),

. Majka Tereza. .akovica (2014).


.lan me.unarodnih organizacija:


. Asocijacija profesionalnih novinara Evrope
(Brisel),

. Akademija nauka i umjetnosti Evrope (Pariz),

. Akademija nauka i umjetnosti Ukrajine (Kijev),

. PEN centar Belgije (Brisel).

# DRAMA POSTOJANJA

Stvarala.ka figura univerzitetskog profesora Jetona Keljmendija predstavlja originalnu pojavu u novijoj albanskoj poeziji, .iji je on jedan od kvalitetnijih izdanaka. Nostalgi.na osje.anja inkorporirana su u .vrsto strukturirane i simboli.no intonirane slike, u okviru kojih on pjeva o obi.nim pojedinostima kroz prizmu neobi.ne opservativne vizure. Tako nastaju stihovi motivski posve.eni raznovrsnim .ivotnim refleksijama i promi.ljanjima, odbljescima uspomena i svakojakim reminiscencijama.

Pretpostavljamo da ovaj autor, izme.u ostalog, posjeduje i afinitet prema slikarstvu, .to se mo.e prepoznati u svedenosti i koloritnosti njegove poetske rije.i. Tvrdo.a .ivota ubla.ava se snom, ma.tanjem, .e.njivim preno.enjem u atmosferu pjesme, .to se na najbolji na.in mo.e sagledati na osnovu recipiranja ostvarenja: Skra.ene daljine, Rije. majke, Pri.i malo bli.e i ostalim. Ova poezija organizovana je na umjetni.kim principima, koji se.u od spolja.njeg ka unutarnjem, od akcije ka introspekciji.

Za savremenu albansku poeziju i prozu karakteristi.no je da su njeni najzna.ajniji predstavnici .esto .ivjeli u kulturnim centrima van granica vlastite dr.ave, ali su zato njihova ostvarenja ostala uspio pokazatelj gra.enja struktura otvorenih prema modernim strujanjima evropske literature. O.igledno je da je pro.imanje doma.ih i internacionalnih duhovnih, intelektualnih i .ivotnih iskustava dovelo do stvaranja mnogih uspjelijih pjesama u ovom izboru: Tragovi, Mitsko, Stvar...

Iz pjesme u pjesmu, nagla.ena lirska konotacija je zna.ajno preoblikovana, jer u sve intenzivnijoj mjeri podlije.e subjektivizaciji, dok je slo.eni problemsko-motivski korpus sadr.an u ontolo.kom nukleusu njegovog djela. Poetska

ostvarenja Jetona Keljmendija se povremeno ovaplo.uju kroz
zna.enjski hermeti.na struktura, pa pravi izazov za recipijente
predstavlja njihovo tuma.enje, razumijevanje i do.ivljavanje.

Razmatranju asocijacije sadr.ane u naslovu mogli
bismo pridru.iti pretpostavku da naslovna sintagma ovog
ostvarenja ◆ Doba ljubavi, .ini jedan od opredme.enih
segmenata pjesnikove egzistencijalne filozofije .ivota. U
pogledu oblikovanja literarnog sadr.aja nijesu isklju.ivo va.ne
osnovne predmetne preokupacije ovog umjetnika (mu.karac ◆
.ena - ljubav, pogledi na smisao umjetnosti, vje.ite dihotomije
izme.u pozitivnog i negativnog, lijepote i rugobe). Tako.e,
upadljivo je jedinstvo raznovrsnih kreativnih te.nji, u kojem se
od gotovo svakog dotada.njeg pravca uzima ono najbolje, sa
pouzdanim osloncem na u.itak slu.anja pjesme, koji je
svojevremeno Roman Ingarden nazvao slojem zvu.anja.

Jeton Keljmendi se predstavlja kao pjesnik lirskih
struktura polivalentnih zna.enja, koje svaki .italac mo.e
razumjeti i protuma.iti na sebi svojstven na.in. Ovaj stvaralac
lirskim minijaturama gradi jednu vrstu autobiografske
ispovijesti i pored toga .to je na prvi pogled tematski posve.ena
svakida.njim stvarima i doga.ajima, ona nosi u sebi .itavu
ljudsku dramu postojanja. Pjesnikov intimni svijet zra.i
istovremeno ljepotom i tragikom, neposredno..u i iskreno..u
emocija, humanisti.no..u i otvorenim slikama .ivota. Njegove
zebnje i dileme, poistovje.ivanje sa stvarima oko sebe, .ine ovu
poeziju osobenom u modernoj knji.evnoj tradiciji.

Prirodu poetike ovog stvaraoca karakteri.e dosljedno
sproveden postupak indivudualizacije lirskog subjekta, .to za
rezultat ima iskazivanje li.nog pogleda na svijet. Jedno od
primarnih esteti.kih i poetolo.kih autorovih na.ela predstavlja
te.nja ka savr.enstvu izraza. U tom smislu, on .itaocu ne
saop.tava integralnu sliku svijeta, nego je transponuje samo u
jedan indikativni detalj, apstrahuju.i tako svijet konkretnih
predstava. On odabira impresiju iz spolja.nje stvarnosti, koja u
efektno plasiranoj poenti izrasta u ideju pjesme.

Impresivne predstave, sa elementima fluidnosti i eteri.nosti, obilje.je su ove poezije, upadljive u pjesnikovim uspjelim strukturama kao .to su, na primjer, Do.i na moju stranu, Hodam na putu drugih, Mo. nemogu.nosti i ostalima. U drugom broju ostvarenja, on se umjetni.ki ispoljava putem sintetizovano koncipiranih slika asocijativnog i polivalentnog karaktera, .to je slu.aj u pjesmama: .ivot je tu.am san, Sa razlogom, Memamorfoze materijala itd.

Nakon i..itavanja prilo.enog pjesni.kog opusa, .italac se te.ko mo.e oduprijeti utisku da je Jeton Keljmendi cijelog .ivota pisao jednu knjigu, modeluju.i jedinstveni portret liri.ara okupiranog predmetima koji su ga neposredno okru.ivali i asocijacijama koje su iz tih odnosa proishodile, .ime je naizgled jednostavne motive uobli.avao u zaokru.ene pjesni.ke cjeline. On .esto upotrebljava metaforu kao jedno od najefikasnijih sredstava kojima pro.iruje prostor zna.enja djela, a samim tim i skalu njegovog osje.ajnog registra.

I..itavanje ovog poetskog izbora pokazuje da je njegov tvorac od po.etka knji.evnog rada ostvario kvalitetnu umjetni.ku liniju, koju je kasnije odr.avao i unapre.ivao. Pa.ljivija analiza stihova njegovih pjesama mo.e potvrditi da se u poetskom stvarala.tvu Jetona Keljmendija mogu prona.i tragovi neoromantizma, impresionizma, ekspresionizma, avangardne i moderne poezije, .ime se on isti.e kao pjesnik kojeg je te.ko locirati isklju.ivo u jedan knji.evni pravac. Duboko proosje.ana i pro.ivljena, pisana na prefinjen i talentovan na.in, ova poezija imponuje svojom smireno..u, originalno..u, dogra.eno..u poetskih slika saop.tenih izbru.enim jezikom i stilom, zbog .ega sam saglasna sa objavljivanjem poetskog izbora Jetona Keljmendija Doba ljubavi.

Prof. dr Sofija Kalezi.

# SADR.AJ

Jeton Keljmendi

DOBA LJUBAVI


Naslovna strana:

Dejana Jovanovi.


Tira.

100 primjeraka


.tampa:

�.tamparija Ostoji.�

Podgorica


CIP - Ka............ . ...........

.......... .......... .... ...., ......


ISBN 978-9940-589-45-5